Doctor Guillermo Lousteau Heguy

Guillermo Lousteau Heguy

HACIA UNA DESCONSOLIDACIÓN DE LA DEMOCRACIA

Discurso de incorporación del doctor Guillermo
Lousteau Heguy como Académico de Número
en la Academia del Plata

THE DEMOCRACY PAPER
No. 14

ISBN: 978-1981952540

Design: Kiko Arocha
www.alexlib.com

Fondo Editorial
Interamerican Institute for Democracy
2100 Coral Way. Ste. 500
Miami, FL 33145
U.S.A.
Tel: (786) 409-4554
Fax: (786) 409-4576
www.intdemocratic.org
iid@intdemocratic.org

ÍNDICE

Presentación del Doctor Adalberto Rodríguez Giavarini

Miembro de la Academia
Ex Canciller de la República Argentina
Presidente del Consejo Argentino para las Relaciones
Internacionales

Es un honor para mí dar la bienvenida a la sesión extraordinaria de incorporación como Académico de Número del Doctor Guillermo Alejandro Lousteau Heguy a la Academia del Plata.

Guillermo Lousteau nació en Buenos Aires el 11 de septiembre de 1934. Asistió al Liceo Naval Militar Guillermo Brown y estudió Derecho en la Universidad de Buenos Aires y realizó un Máster en Derecho Corporativo por la Universidad Católica Argentina. Además, realizó estudios de posgrado en la Southern Methodist University, en la Universidad de Chile y en la Universidad Complutense de Madrid.

Es padre de Martín y María, ambos exitosos profesionales en los ámbitos económico y jurídico, respectivamente.

Durante su carrera profesional dirigió la Maestría en Ciencia Política de FLACSO, fue Decano de la Facultad de Ciencias Políticas de la Universidad John F. Kennedy,

Rector de la Universidad del Neuquén, Presidente del Interamerican Institute for Democracy con sede en Miami, presidente del Centro Cultural Argentino en Miami, Director de Austral Líneas Aéreas, Presidente de la Cámara Argentina de Turismo y de la Cámara de Comercio Argentino-Uruguaya, Secretario de Turismo de la República Argentina (1980-1982) y Presidente del Comité "Legal aspects of Development and Integration" de la Interamerican Bar Association. También fue Asesor en el Ministerio de Relaciones Exteriores y Culto de la República Argentina (1961-1962) y Jefe de la Delegación argentina ante la Asamblea General de la Organización Mundial del Turismo.

Actualmente es miembro del Consejo Consultivo y la Junta Directiva del Interamerican Institute for Democracy.

Guillermo Lousteau autor de diversas publicaciones y ha dictado alrededor de 300 conferencias. Entre sus obras se destacan *La democracia en América Latina*, *The philosophical foundation of American constitutionalism*, *El pensamiento político hispanoamericano* (donde se estudia a Francisco Suárez, Alberdi-Sarmiento, Donoso Cortés, Francisco de Vitoria, Rodó-Zorrilla de San Martín y Primo de Rivera) y *Democracia y control de constitucionalidad*. Además, ha publicado numerosos artículos y ensayos, entre los que podemos destacar los siguientes:

"Nuevos aportes para una bibliografía de la Revolución de Mayo" editado en la *Revista de Estudios Americanos*.
"Nueva visión de la emancipación hispanoamericana", editado por la Embajada argentina en España.
"El nuevo sistema constitucional argentino"
La revolución argentina, Editorial de Palma

"The new constitutional Governement in Argentina", en
   Cuadernos Hispanoamericanos de Estudios Políticos.
"Política y legislación Ultramarina en el Portugal
   africano", en la *Revista Jurisprudencia Argentina*.
"Reading Locke: The difficulties of de Second Treatise".
"The political Philosophy of Edmund Burke"
"Las dificultades del Segundo Tratado", presentado a
   las I Jornadas de Filosofía Moderna celebradas en la
   Universidad de Buenos Aires.

O los que, impregnados en su natural condición de jurista, citaré como:

"Condena de intereses por litigar sin razón valedera",
   La Ley.
"El nombramiento de jueces sin acuerdo previo", íd.
"Aspectos constitucionales de la condena de intereses", íd.
"La independencia del poder judicial", *El Cronista
   Comercial*

Ha sido profesor en la Universidad de Chile, la Universidad Católica de Chile, la Universidad Complutense de Madrid, George Washington University, Florida International University, la Universidad Alcalá de Henares, la Universidad de Salamanca, Profesor de Derecho Constitucional en la Universidad Católica Argentina y titular de Derecho Público en la Universidad de Buenos Aires, así como de Historia de América en la del Salvador.

En 2005 creó y dirigió la primera Maestría en Ciencias Políticas dictada totalmente en español en la Universidad Internacional de Florida.

Su trayectoria ha sido premiada y reconocida en diversas ocasiones. Entre otras menciones, es Caballero de la Orden de Corpus Christi, Caballero de la Orden del Cardenal Cisneros, galardonado con la Gran Cruz de Isabel la Católica y Miembro correspondiente de la Real Academia de Artes, Ciencias y Letras. Es miembro de la Asociación Argentina de Ciencias Políticas, la Asociación Americana de Ciencias Políticas, la Asociación Internacional de Ciencias Políticas, la Asociación Hispanoamericana de Historia, la Asociación de Estudios Latinoamericanos, la Sociedad Mont Pelerin y la Academia Paraguaya de Historia.

La incorporación de Guillermo Alejandro Lousteau Heguy representa por todo lo repasado un nuevo aportante a la acción que brinda la Academia del Plata para impregnar a los temas más significativos de hoy con la visión eterna del Evangelio.

El mundo contemporáneo vive momentos de incertidumbre. Desde el Brexit, pasando por el surgimiento de populismos en Europa hasta el deterioro institucional de Venezuela dan cuenta de importantes cambios en la vida política de las sociedades que están lejos de ser plenamente comprendidos. Afortunadamente, la experiencia y credenciales del Doctor Lousteau hacen de él una persona más que calificada para analizar y discutir el presente y futuro del régimen democrático.

Agradezco a todos ustedes por su presencia y le cedo la palabra al Doctor Lousteau.

PRESENTACIÓN DEL DOCTOR GUILLERMO LOUSTEAU HEGUY

Hoy tengo el honor de incorporarme a la Academia del Plata.

Quiero agradecer, en primer lugar, a su presidente doctor Ludovico Videla a sus distinguidos miembros, por su aceptación a mi incorporación a esta Academia, la más antigua de la Argentina y que ostenta tan alto nivel de reputación intelectual y académica, tanto por su trayectoria como por la calidad de sus miembros.

Quiero agradecerle también, y muy especialmente, al doctor Rodríguez Giavarini su generosa presentación. Y quiero aprovechar esta circunstancia para manifestarle mi agradecimiento por su amistad y apoyo permanente y su participación en el proceso de incorporación a esta Academia.

La Academia, fundada como Academia Literaria del Plata en el Colegio del Salvador ha ampliado el panorama de su temática y su propósito es de promover todas las manifestaciones de las ciencias, las letras y las artes que den testimonio del pensamiento católico de la cultura argentina.

Me cabe además, el honor de ocupar el sitial del Padre Ismael Quiles, lo que es especialmente significativo para mí, no solo por razones académicas e intelectuales, sino también afectivas por la relación que me unió a él.

Pedralba es un municipio de la comunidad de Valencia. En ese municipio, nació Ismael Quiles, el 4 de julio de 1906. Al finalizar sus estudios primarios, ingresó al Seminario de Valencia, a los 12 años, donde cursó Humanidades —entre 1918 y 1922— año en que se incorporó a la Compañía de Jesús.

Hasta 1927 estudió en el Colegio de la Compañía en Zaragoza y en 1930 se doctoró en Filosofía, en el Colegio Máximo de San Ignacio, en Barcelona.

Su primera vocación fue ser misionero en la India, pero su salud fue un impedimento.

Afectado por la tuberculosis, en marzo de 1932, la Compañía lo destinó a la Argentina y en especial a la ciudad de Santa Fe, y en 1933 prosiguió sus estudios de Teología en el Colegio Máximo de San Miguel, en Buenos Aires.

Allí completó sus estudios y desde 1938 ejerció la docencia en las cátedras de Historia de la Filosofía y de Metafísica. Su próximo destino sería la Universidad del Salvador, tan ligada a esta Academia, donde fue Decano de la Facultad de Filosofía, luego vicerrector, desde 1956 hasta 1966, año en que asumió el rectorado, reemplazando al Padre Eduardo Martínez Márquez.

Dirigió la Universidad hasta 1970, cuando fue designado como Rector de la Comunidad del Salvador y Prorrector de la Universidad.

Quiles fue un filósofo destacado, en una circunstancia muy especial, donde los rectores de las tres universidades más importantes eran por filósofos: Octavio Derisi, Risieri

Frondizi e Ismael Quiles, lo que marcaba una época muy especial desde el punto de vista intelectual para la Argentina.

El pensamiento filosófico del padre Quiles se mueve entre la tradición del pensamiento escolástico, parte esencial de su formación, y el pensamiento de la existencia. La filosofía de la existencia es el intento de alcanzar lo efectivamente real y que el pensamiento filosófico alcance lo concreto.

Las filosofías contemporáneas han tratado de llenar el vacío entre filosofía y realidad, respondiendo a una necesidad del hombre: el máximo conocimiento con la mayor inmediatez posible de la realidad misma. Nadie puede hacer filosofía hoy sin tener como referencia la necesidad proclamada por el pensamiento de la existencia.

Quiles formula la crítica al pensamiento de la existencia desde el punto de vista de las consecuencias morales, políticas, que el existencialismo de Heidegger y Sartre le ha traído al hombre contemporáneo. Ese existencialismo ha producido un hombre perdido en el mundo, en la exterioridad, donde su subjetividad se diluye y carece de sentido.

Su gran contribución fue la enunciación de la filosofía in-sistencial, como base para la comprensión y solución de los problemas humanos, cono origen y fundamento de la sociedad auténtica. Filosofía que era consecuencia, en Quiles, de su estudio sobre Heidegger y el existencialismo de la angustia y que lo lleva a proponer una analítica integral del hombre, que supere a la analítica meramente existencial.

Quiles proponía un humanismo que respondía a preguntas acuciantes sobre la calidad de la educación y fue

uno de los primeros en denunciar las falacias del posmo-
dernismo, como afirmar que los valores tienen el mismo
nivel, la confusión entre jerarquía y elitismo, su ataque al
fundamentalismo y no diferenciar las propiedades consti-
tutivas de las esenciales

El Padre Quiles llegó a ser considerado uno de los 8
filósofos vivos más importantes

Uno de sus grandes aportes fue su especialización en
la filosofía oriental, que comenzó en 1960 cuando, con
el apoyo de la UNESCO a través de su Proyecto Mayor
Oriente-Occidente, viajó a Oriente. En ese viajó dictó conferencias en varias universidades, entre las que se encuentran universidades de Japón, India, Taiwan, Filipinas e In-
donesia. Fue en ese viaje donde residió y estudió filosofía
oriental en el Tibet. Fue además, profesor invitado en la
Universidad de Georgetown.

A él se debe la creación en 1967 de la Escuela de Estudios Orientales de la Universidad del Salvador, en una
iniciativa pionera de los estudios filosóficos de Oriente.
Y desde 1973 dirigió el Instituto Latinoamericano de In-
vestigaciones Comparadas Oriente-Occidente. Participó
activamente en la preparación del Coloquio Internacional
sobre Estudios Orientales en las Universidades de América Latina.

Su reputación como orientalista alcanzó nivel internacional, donde se lo consideraba una autoridad mundial.
En ese carácter intervino en el Congreso Internacional de
Orientalistas, en Tokio (1983), en la Conferencia Internacional de Orientalistas de Estudios Budistas, en Berke-
ley (1987), en la IX Conferencia de la Asociación Internacional de Estudios Budistas, en Taiwán (1990) y en la

X Conferencia de la Asociación de Estudios Budistas de la UNESCO (1990).

En 1992, participó en las actividades de la Universidad Complutense de Madrid, en homenaje a V Centenario del Descubrimiento de América, a la que fue invitado como una personalidad relevante del continente.

Entre sus otros muchos logros académicos, el padre Quiles organizó la Exposición Bibliográfica Internacional de la Filosofía del siglo XX, en Buenos Aires y fue delegado argentino ante la XII Conferencia General de la UNESCO, en París.

En 1963, fue enviado a estudiar los sistemas educativos de la Unión Soviética, Polonia y Checoeslovaquia.

Fue condecorado con la Orden del Sol Naciente, por Japón y tuvo doctorados *honoris causae* de varias Universidades. En 1987, recibió el Premio Consagración Nacional en Filosofía.

Su obra bibliográfica fue muy extensa. Desde la filosofía en general, como su *Introducción a la Filosofía*, *Qué es el catolicismo*, y libros sobre Aristóteles y Plotino, la *Metafísica de Francisco Suárez*, *La Interioridad Agustiniana* y *La filosofía latinoamericana en los siglos XVI a XVII*, hasta la elaboración de un sistema filosófico, el "in-sistencialismo", inspirado en Santo Tomás de Aquino y San Agustín y sus obras sobre la filosofía de la persona, a través de Karol Wotjila.

Conocí al Padre Quiles, en 1956, cuando todavía yo era estudiante de la Facultad de Ciencias Exactas. Mantuve charlas con él, casi hasta su muerte en 1993.

Es posible que un análisis histórico sobre las circunstancias de esa época pudiera modificar mi visión de los hechos, pero he preferido mantenerlos en la forma en que los recuerdo y las sensaciones que están todavía vivas sobre la influencia que el Padre Quiles ha significado en nuestra historia.

Con el derrocamiento del general Lonardi, en noviembre de 1955, la sensación de los católicos era la de sentirse excluidos, tanto de la vida política como de la vida académica.

El hecho más importante que los afectaba como estudiantes provenía del decreto-ley 6403, promovido por el ministro de Educación, el doctor Atilio Dell'Oro Maini, que permitía la creación de universidades privadas con capacidad de entregar títulos y diplomas académicos.

De esa forma, el Instituto Superior de Filosofía, creado por la Compañía de Jesús en 1944, fue convertido en las Facultades Universitarias del Salvador, y luego, en 1959, reconocida como universidad privada con su nombre actual, Universidad del Salvador. Con esto quedaba abolido el monopolio estatal sobre la educación universitaria, una vieja aspiración de la Iglesia Católica. Al mismo tiempo, se creaba también la Pontificia Universidad Católica Argentina Santa María de los Buenos Aires, bajo la dirección de Monseñor Derisi.

Sin embargo, el período entre 1955 y 1958 fue un período difícil para [las aspiraciones de] concretar esa aspiración. Durante el gobierno del Presidente Frondizi, la contienda se conoció —con una disyuntiva falsa— como el enfrentamiento "laica o libre" . La lucha se originó en la necesidad de reglamentar el artículo 28 del decreto-ley que habilitaba a las universidades privadas a emitir títulos profesionales. Paradójicamente, quien lideraba la oposición a habilitar a las universidades privadas, era el rector de la Universidad de Buenos Aires, Risieri Frondizi, hermano del presidente. En la lucha por la autorización para esa habilitación a emitir títulos, se destacaban Monseñor Octavio Derisi, por la Universidad Católica y el Padre Quiles, por la Universidad del Salvador. Ambos eran la representación viva de sus respectivas universidades y se reflejaban en sus diferentes estilos.

Conseguida la reglamentación del famoso artículo 28 y la autorización a emitir títulos, el gran desafío era consolidar la calidad de la enseñanza privada.

Ismael Quiles y la Universidad del Salvador son casi sinónimos: era imposible pensar en uno sin vincularlo al otro, lo que se mantuvo en forma permanente.

La Universidad del Salvador se distinguió por sus Facultades de Filosofía, dirigida por Quiles y sus estudios sobre Oriente, y por la Facultad de Historia, que agrupaba a un conjunto de historiadores católicos, que se mantenían lejos del reconocimiento de la Academia, como Vicente Sierra.

¿Qué aportaba el padre Quiles en los años 50 y 60 a la juventud universitaria?

En primer lugar, con su defensa del diálogo interreligioso y su apertura a la filosofía oriental, a la cual veíamos todavía con desconfianza, incluyendo al yoga, el cual considerábamos como contraria a la religión católica hasta que Quiles le dio legitimidad.

En segundo lugar, en una época en que Jean Paul Sartre deslumbraba con su existencialismo, el padre Quiles le opuso su esquema de In-sistencialismo, que lo refutaba y que resultaba tan atractivo como la postura de Sartre.

No menor fue el impacto de su actitud de abrir las discusiones sobre Teilhard de Chardin, una apertura más que necesaria desde el punto de vista de tratar de conciliar la ciencia con la fe.

Finalmente, en una difícil época de transición política, el padre Quiles no se mantenía ajeno a los acontecimientos públicos y su opinión siempre fue una referencia esencial para quienes seguían su pensamiento.

Él fue un elemento decisivo para abandonar las ciencias duras y pasarme a las humanísticas, primero en derecho y luego, por las inquietudes que él despertó, con filosofía. El me introdujo por vez primera a Francisco Suarez y la escolástica, tema de mi primer libro.

Cuando coincidimos como rectores, Quiles de la Universidad del Salvador y yo de la Neuquén, siempre fue un apoyo decisivo y organizamos seminarios y reuniones conjuntas en varias oportunidades.

Ya retirado y casi hasta su muerte, seguimos manteniendo largas charlas, muchas veces en su claustro. Fue él quien me conectó por vez primera, en 1972 con la Academia del Plata

Es por estas razones, que ocupar este sitial tiene un orgullo tan especial.

¿HACIA UNA DESCONSOLIDACIÓN DE LA DEMOCRACIA?

Doctor Guillermo Lousteau Heguy

> Ninguna teoría es capaz de explicar lo que pasa hoy
> *Jean Baudrillard*

Esta pregunta retórica propone analizar la situación y el porvenir de la democracia

Una de las creencias más populares de las ciencias políticas es sostener que una vez que la democracia se encuentra consolidada, el proceso no tiene marcha atrás y es irreversible.

Tras la caída del muro de Berlín y las secuencias posteriores, esa creencia parecía natural y Juan Linz reputaba a las democracias como *the only game in town*. Es decir, la única alternativa posible.

América fue el primer continente que asumió —con la excepción de Brasil— que la única forma legítima de gobierno era la de la soberanía popular, que es el concepto de la democracia en su acepción más básica.

El desarrollo de la democracia ha sido predominante en las décadas siguientes a la Segunda Guerra Mundial.

Ello llevó a Huntington a hablar, en 1991, de una tercera ola de democratización.

Fuera de los intentos del llamado "Socialismo del siglo XXI", el resto de la región podía asumir que la democracia era un sistema legítimo y en funcionamiento.

Con la desaparición de los golpes militares típicos del siglo XX, no era demasiado aventurado suponer que el régimen democrático estaba para quedarse.

Muchos políticos suelen partir de esa base y afirman que, "hoy, afortunadamente, la democracia como forma de gobierno se encuentra consolidada". Esta afirmación puede ahora considerarse no sólo exagerada, sino también peligrosa. En ese sentido, Barack Obama acierta cuando dice que "nuestra democracia está amenazada cada vez que la damos por sentada".

En julio del 2016, dos investigadores, Yascha Mounk, de Harvard University, y Roberto Stefan Foa, de The World Values Services, publicaron un trabajo titulado *The Danger of Deconsolidation*[*].

El estudio estaba referido a los EE.UU. y entre los datos a considerar enumeraban la caída en el número de votantes en las elecciones, la creciente debilidad de las adhesiones a los partidos políticos, y el aumento de la cantidad de ciudadanos que apoyaban movimientos antisistema.

Como señales adicionales, Mounk y Foa mencionaban la pérdida de fe en el Congreso por parte de los ciudadanos americanos: solo el 13% aprobaba su labor. Los

---

[*] Roberto Stefan Foa y Yascha Mounk: "The Danger of Deconsolidation. The Democratic Disconnnect", *Journal of Democracy*, July 2016, Volumen 27, Number 3

americanos se mostraban cada vez más insatisfechos con el estado de su sistema político.

La figura de Donald Trump —antes de las elecciones de los EE.UU.— como candidato antisistema y promesas de campaña que ponían en peligro los derechos de minorías étnicas y religiosas constituía para los autores, claros indicios sobre el estado de la democracia.

Las mismas dudas se extendían a la situación en Europa. La aprobación a los líderes políticos se mantenía en niveles muy bajos y los índices de desconfianza en las instituciones políticas crecían constantemente, mientras florecían partidos extremistas en Francia, Suecia y en el resto de los países de Europa Occidental.

Estas circunstancias eran familiares en América Latina. La novedad se daba en incluir en este análisis a los EE.UU. y extenderlo a Europa.

En el mundo académico y político, el artículo no generó un movimiento importante. Más aún, los propios autores llamaban la atención sobre el hecho de que la mayoría de los estudiosos no veían en esas tendencias una indicación de problemas estructurales en el funcionamiento de la democracia. Académicos prestigiosos como Ronald Inglehart y Russell Dalton, entre otros, interpretaban estos datos como un incremento de la sofisticación de las generaciones más jóvenes con respecto a la política. Como complemento de esta interpretación, distinguían entre "legitimidad de gobierno" y "legitimidad de régimen", como ya lo había hecho ya David Easton[*].

---

[*] David Easton: *The Political System: An Inquiry into the State of Political Science*, Knopf 1971

Es decir, considerar el funcionamiento del gobierno en su propio país diferenciado del régimen democrático como tal.

El acceso de Trump a la presidencia de los EE.UU. revitalizó el contenido del trabajo de Mounk y Foa. Con este hecho a la vista, en enero del 2017 los autores insistían con un nuevo artículo* sobre el mismo tema y volvían a poner énfasis en las señales preocupantes de los datos sobre el proceso democrático, ahora más completos.

La relevancia del triunfo de Trump ya no podía dejar indiferente ni a los académicos ni a los políticos, sobre la fortaleza y la consolidación de la democracia en el mundo. Comenzaron a buscar explicaciones sobre cómo pudo suceder y porqué. En muchos casos, recurrieron al populismo latinoamericano para analizar el fenómeno, con su apelación al nacionalismo y la vuelta al aislacionismo de los años 30.

Considerando la cantidad de gente que aducía apoyar a la democracia, ningún otro sistema ha tenido un prestigioso similar en la historia. Sin embargo, los datos y el análisis de los trabajos referidos podrían sugerir otra cosa. Una posibilidad es atribuirlo, como sostiene Inglehart, al crecimiento de las expectativas sobre las democracias, que seguiría siendo el único sistema legítimo, a pesar de haber perdido la confianza de muchos ciudadanos, que ya no creen que la democracia pueda producir lo que se esperaba de ella.

El estudio sobre la situación de la democracia en el mundo, requiere resolver dos cuestiones previas:

____

* Roberto Stefan Foa y Yascha Mounk: "The Signs of Deconsolidation", Journal of Democracy, January 2017, Volumen 28, Number 1

- ¿De qué democracia hablamos?
- ¿Cómo leer las señales?

Respecto a la primera cuestión, vuelven a plantearse las limitaciones y los conflictos del lenguaje. Aun cuando "democracia" sea uno de los términos más usados, está lejos de significar lo mismo para todos, en todos los casos.

Esta ambivalencia del lenguaje y su uso político ha sido motivo de reflexión durante mucho tiempo; en el siglo XX la filosofía del lenguaje se ha ocupado especialmente de esta ambigüedad. Wittgenstein afirmaba que, si nos pusiéramos de acuerdo sobre el uso de las palabras, no habría casi discusiones.

No se trata entonces de definir la democracia, sino sólo de precisar en qué sentido la usamos en cada oportunidad.

El nombre democracia implica una estructura de gobierno donde las decisiones son tomadas directa o indirectamente por el pueblo, una concepción de la política en la cual la legitimidad del poder viene del pueblo.

Sobre esa base de adoptó la Constitución de los EE.UU. Sin embargo, los constituyentes americanos advirtieron —sobre la base del pensamiento de Locke— que la garantía de la libertad requería poner límites al poder. Esa concepción se conoce como democracia liberal por considerar a la libertad como esencial. El adjetivo "liberal" denota una interpretación particular de la política, en la cual el poder público, aun cuando exprese la mayoría, está inherentemente limitado.

A pesar de las diferencias conceptuales, se puede adoptar como base la que la Carta Democrática Interamericana, adoptada por unanimidad de los países integrantes de la Organización de Estados Americanos en el 2001, que establece la obligación de los países la promoción de la democracia representativa en la región. La misma Carta establece que son elementos esenciales y fundamentales de esa democracia, entre otros, la garantía de los derechos humanos, la separación de los poderes, la independencia del Poder Judicial, las elecciones libres y transparentes y la libertad de expresión.

Las formas llamadas populistas, que también pueden surgir de elecciones populares, no serían consideradas auténticas democracias, precisamente por no cumplir con las exigencias de la Carta.

El populismo presenta dificultades para su comprensión, especialmente por las formas diferentes que adopta, tanto en el tiempo como en lugares diversos. No se trata de una ideología concreta, sino de una forma de ejercer el gobierno, muy cercana al autoritarismo. Existen excepciones, como en los casos de Brasil y Uruguay, casos de populismo sin autoritarismo.

Este populismo autoritario formula, en adición, una defensa teórica que descree de los límites al poder, en una forma de democracia que podríamos llamar "iliberal" como contrapuesta a la democracia liberal o constitucional y representativa, tal como la define la Carta. Sus líderes sostienen que no representan una amenaza a la democracia, porque provienen de elecciones populares*.

---

* Esta visión del populismo como democracia por su base electoral también era compartida por amplios sectores académicos y políticos de los EE.UU. y Europa hasta hace poco tiempo.

Después de la desaparición del comunismo, el populismo autoritario se ha constituido hoy en el principal enemigo de la democracia tal como la entendemos.

Un segundo problema es determinar cómo advertir e interpretar adecuadamente las señales de los tiempos. El riesgo es no advertirlos o interpretarlos mal.

Bárbara Tuchman, la historiadora americana, describió muchos ejemplos de estos casos en su libro *The March of Folly*. Algo similar hizo Stefan Zweig con *Decisive Moments in History*.

Ejemplos de mala lectura abundan, como el nacimiento del nazismo y la miopía de la mayoría de los actores de su época para percibir esa amenaza.

La evidencia preliminar suministrada por el estudio sugiere la necesidad de profundizar el estudio del tema. Hay ascensos populistas en los EEUU y en Europa y hay señales graves de peligro en otras regiones sobre el peligro de la gobernabilidad democrática, incluso en países donde parecían funcionar de acuerdo las normas tradicionales.

Las dudas sobre el desarrollo de la democracia tienen antecedentes recientes. En el año 2015, la posible declinación de la democracia fue producto de un fuerte debate en el mundo académico. A los 25 años de la caída del muro de Berlín proliferaron los estudios sobre el estado de la democracia. La cuestión planteada era si la percepción de que la democracia declinaba estaba más difundida que a principios del siglo.

---

* Bárbara Tuchman: *The March of Folly. From Troy to Vietnam*, Random House, 1985

** Stefan Zweig: *Decisive Moments in History*, Ariadne Press, 1999

Intelectuales de la talla de Francis Fukuyama, Larry Diamond, Robert Kagan y otros discutían el estado de la democracia con relación a lo que había ocurrido entre 1975 y el 2005, según se advertía en los datos de Freedom House. En ese cotejo de épocas, la democracia parecía retroceder.

Una causa de esa percepción estuvo dada por el excesivo optimismo de los 90. Muchos alegaban que la caída de la democracia en el mundo carecía de base empírica y que, en lugar de retroceso de la democracia, lo que se daba era una merma en el progreso democrático.

Pero la cuestión quedaba estancada en la pregunta de cuántos países eran democráticos, si aumentaban o no, y qué debía ser interpretado como tal. Los datos y las variables no parecían satisfacer esas dudas.

Larry Diamond percibía una "recesión democrática" y que los buenos días habían quedado atrás. Las transiciones promisorias habían fallado o permanecían incompletas[*].

Por su parte, Levitsky y Way se preguntaban si podían estar viendo el comienzo del fin de la democracia, pero no creían en ese retroceso y sostenían que la comparación negativa tenía su explicación en la exageración sobre a quienes se habían considerado democracias en ese período. En la mayoría de los casos, la caída de autocracias no había conducido a democracias, sino a regímenes autoritarios más débiles que no podían asimilarse a regímenes democráticos[**].

---

[*] Larry Diamond: "Facing up to the Democratic Recession", *Journal of Democracy*, 2015

[**] Steven Levitsky y Lucan Way: The Myth of Democratic Recession, *Journal of Democracy*, 2015

Por su parte, Fukuyama afirmaba que la legitimidad de muchas democracias dependía menos de sus instituciones que en su habilidad de proveer gobiernos de alta calidad. Considerando el término de largo plazo, la democracia sería el objetivo que los países querrían, unificando legitimidad y logros. El cambio que se había producido en el lapso analizado se debía a tres razones: a) el creciente sentimiento de que las democracias avanzadas están en problemas para lograr buenas performances; b) la confianza y la aparente vitalidad que exhibían algunos gobiernos autoritarios y c) el cambio geopolítico en el balance y sus rivales[*].

Esta tesis era también sostenida por Robert Kagan, que observaba que en los organismos internacionales proliferaban los autoritarismos[**]. En adición a esta circunstancia, agregaba Kagan, el retiro de los EEUU de la arena internacional provoca un daño a la democracia, que se ve acotada por alianzas internacionales con autoritarismos y que está en retirada: la tendencia parecía frenada y estar en retroceso. El peso geopolítico de China y Rusia parecen crear un ambiente internacional hostil a la democracia.

Schmitter no veía declinación en la democracia en la comparación de los dos períodos, sino más bien un proceso de transición, como una crisis producto de la brecha entre lo ideal y lo real de la democracia. No se trataba de destruirla, sino de cambiarla para adaptarse a la realidad[***].

---

[*] Francis Fukuyama: "Why is Democracy performing so Poorly", *Journal of Democracy*, 2015

[**] Robert Kagan: "Is Democracy in Decline? The Weight of Geopolitics", *Brookings*, 2015

[***] Phillipe Schmitter: Crisis and Transition but not Decline", *Journal of Democracy*, 2015

Como conclusiones generales, se notaba una tasa acelerada de caídas en la calidad y estabilidad de las democracias, una profundización del autoritarismo en países importantes y una menor relevancia de las democracias establecidas, su voluntad y confianza en promover efectivamente la democracia.

Dos casos de desconsolidación

1. Venezuela era considerada en 1980 una democracia consolidada, con dos partidos estables. A partir de 1959 era percibida como una democracia estable, con reglas constitucionales y elecciones sucesivas, que mostraban una madurez institucional envidiable, un alto ingreso *per cápita*, similar al de Israel e Irlanda y como un modelo a imitar en América Latina.

Sin embargo, Chávez accedió al poder en 1998 y, a partir de ese momento, el sistema está muy lejos de poder ser considerado una democracia: no hay separación de los poderes, la justicia no es independiente y el Congreso no es reconocido por el Poder Ejecutivo. En los últimos días, incluso, coexisten dos Tribunales Superiores, elegido uno por la Presidencia y otro por la Asamblea. No hay libertad de expresión, pero sí presos políticos y una enorme cantidad de exiliados.

Después de la muerte de Chávez y la asunción de Maduro, la situación ya ni siquiera puede considerarse como populismo, porque Maduro no cuenta con el apoyo popular y la resistencia masiva está generalizada. Hoy es una auténtica dictadura represiva.

La caída pudo ser prevista de haber tomado en cuenta la situación que mostraban las encuestas:

- Un alto nivel de insatisfacción con la democracia
- El creciente número de personas dispuestas a aceptar alternativas autoritarias, incluso un gobierno militar
- El ascenso de partidos y movimientos antisistema
- Según Latinobarómetro, en 1995:
- Un 22% de los encuestados preferían un gobierno autoritario por sobre una democracia.
- 46,3% coincidían en que "la democracia no resuelve los problemas del país"
- un asombroso 81.3% prefería un líder de mano dura
- los niveles de insatisfacción con los políticos y las instituciones políticas eran muy altos.

2. Polonia es el otro caso importante. Fue considerado como el éxito más grande de la transición postcomunista a una democracia liberal.

Con elecciones ininterrumpidas desde 1990, la sociedad civil mostraba una fortaleza notoria y existían instituciones sólidas, entre las que se contaban los medios independientes de prensa y la separación de los poderes del Estado.

Este éxito político fue acompañado por un notable éxito económico: entre 1991 y el 2014 multiplicó por 6 su ingreso *per cápita* y su caso se tomó como un claro ejemplo de consolidación democrática.

Contra toda previsión, las medidas que adoptó y está adoptando el gobierno polaco van en la dirección opuesta, ya que son antidemocráticas y contrarias al estado de derecho que regía cuando se incorporó a la Unión Europea.

También en este caso, los datos hubieran permitido prever dificultades serias sobre la vigencia de la democracia. En el 2005, una proporción sustancial de la población

(15,7%) declaraba que "tener un sistema político era una manera 'mala' o 'muy mala' de conducir el país". Para el 2012, el porcentaje seguía subiendo, al mismo tiempo que un gobierno militar era aceptable para el 22%.

Al igual que en otros casos, la política práctica acompañaba este cambio en las ideas. Varios movimientos anti-sistemas alcanzaban cifras importantes de simpatizantes (Self Defense of the Republic of Poland, Polish Families y Polikot Moviement) lo que podría explicar el retroceso de Polonia en su democracia. Hoy, los derechos de los polacos después de las elecciones presidenciales y parlamentarias del 2015 no están garantizados, al igual que no lo están la libertad de los medios de expresión. Recientemente, el gobierno tomó medidas que le da al Poder Ejecutivo control sobre la Corte.

Guy Verhoftad, expremier de Bélgica, sostiene que las medidas que está adoptando este gobierno son "anti-democráticas y contrarias al estado de derecho que regía cuando Polonia se incorporó a la Unión Europea". Hoy, Polonia no lograría ingresar.

Estos dos casos podrían ser excepciones, pero en realidad son auténticos "cisnes negros", es decir pruebas de que las afirmaciones sobre la consolidación irreversible de la democracia no son reales.

Los signos de desconsolidación

Mientras en su trabajo anterior, Mounk y Foa se preguntaban sobre el posible peligro de la consolidación, en este nuevo trabajo, con muchos más datos, ven ahora señales concretas de esa desconsolidación.

Se advierte una tendencia universal a debilitar la democracia liberal, una especie de revuelta contra los arreglos que conformaron el Occidente democrático desde el colapso de la Unión Soviética. El desafío parece profundo: algunos partidos, tanto de la izquierda como de la derecha- por lo que estas expresiones puedan hoy significar- están poniendo en discusión las normas e instituciones de la democracia liberal misma, especialmente la libertad de expresión, el estado de derecho y los derechos de las minorías. En todo Occidente hay una creciente impaciencia con los gobiernos que parecen incapaces de enfrentar los problemas crecientes. La inseguridad en aumento ha despertado una demanda por líderes fuertes y formas de autoritarismo.

Legitimidad del gobierno

Los gobiernos están fallando en prestar los servicios más básicos. Gobiernos de baja calidad están estrangulando a la democracia y minando su legitimidad.

En una encuesta reciente sobre la opinión de la ciudadanía sobre la marcha de su propio país y la performance de su gobierno, el resultado es desalentador. La encuesta abarca un total de 26 países* y la pregunta es si "en términos generales, los políticos de su gobierno van en la dirección correcta o no".

Asumiendo el peso de los países involucrados y su dispersión geográfica, el resultado es preocupante: el promedio de todos los países encuestados que se manifiesta en forma negativa sobre la acción de su gobierno alcanza a 63%, que coincide con la cifra de Gran Bretaña. Los cua-

---

* Ver Cuadro 1

tro países que muestran menor rechazo a su gobierno son China (10%), Arabia Saudita (20%), India (24%) y Rusia (42%), conjunto que difícilmente representen en forma cabal a la democracia liberal.

La gran mayoría de los países por encima del promedio se conforma con Israel (64%), los Estados Unidos (65%), Alemania (68%), Bélgica (71%), Polonia (72%), España (78%). Los cinco países más negativos son: Italia, Brasil, Sudáfrica, Francia y México (éste con un 96% de rechazo).

La insatisfacción de los americanos incluye no sólo a la Administración, sino a la confianza en el Congreso y los medios. Es interesante señalar que esta encuesta es anterior a la presidencia de Trump, lo que permitiría suponer que esta percepción podría ser peor aún más negativa, ya que Trump es el presidente que asumió con menor nivel de aprobación, excepto quizás Abraham Lincoln —aunque por razones diversas— y con mayor cantidad de ciudadanos en contra. Seguramente, la gestión en los primeros seis meses, los escándalos, las falencias y los obstáculos institucionales que presenta, empeoren la situación.

En otro dato relevante, el 64% de los votantes en los países de regímenes democráticos, afirman votar "en contra" de un candidato, más que votar "a favor" del otro.

Legitimidad del sistema

Si bien hay que diferenciar la aprobación de un gobierno específico del que corresponde a la legitimidad del sistema o régimen democrático, estos datos pueden ser considerados como una fuerte señal sobre lo que opina la ciudadanía sobre el sistema mismo.

Polity y Freedom House son dos prestigiosas instituciones que realizan trabajos y encuestas sobre las actitudes de los ciudadanos acerca de los valores democráticos como sistema de gobierno.

El foco tradicional ha sido ver la perspectiva de la democracia en los países en desarrollo y en los poscomunistas. Ahora, parece imprescindible redirigir la atención a la creciente vulnerabilidad de la democracia en Occidente, especialmente en los EE.UU. y Europa.

Una cuestión previa es preguntarse si la democracia puede ser apropiada en todos los tiempos y para todos los pueblos.

Ya Fareed Zakaria había planteado la cuestión cuando la administración Bush se propuso promover la democracia en Medio Oriente. Zakaria sostiene que si por democracia se entiende el concepto de democracia liberal, sería imposible pensar en "democratizar" a los países de la región. Por el contrario, dice, si llamamos democracia a la mera elección popular sería posible su implantación. El problema, agregaba, es que en ese caso, lo más probable es que el resultado fuese una sociedad más opuesta todavía a Occidente.

Acorde con lo que sostienen Mounk y Foa, hay cuatro temas cruciales a la hora de presentar conclusiones:

- el apoyo al sistema como un todo
- el nivel de participación en la política
- el grado de apertura a alternativas autoritarias
- tendencias antisistemas

Entre los nuevos datos suministrados por los autores sobre la actitud de los ciudadanos de los EE.UU., aparecen serias señales sobre el apoyo al sistema de la democracia.

1. El primer dato se articula sobre la pregunta de "si es esencial vivir en un país gobernado democráticamente"[*].

El análisis distingue a los encuestados con relación al año de su nacimiento, diferenciando entre los *babyboomers* —nacidos después de la Segunda Guerra Mundial— y los *millenials*, nacidos después de 1980[**].

Según los autores, los datos muestran que, además de ser más críticos, los jóvenes se muestran más descreídos acerca del valor de la democracia como sistema político: las generaciones más viejas están más cerca de la democracia que las posteriores, en una reversión generacional.

En los períodos 1981-1984 y 1990-1993, los encuestados jóvenes eran mucho más firmes en la protección de la libertad de expresión y menos propensos a abrazar ideas radicales que en la actualidad.

La encuesta muestra que, mientras el porcentaje de gente nacida entre 1930 y 1950 que contesta afirmativamente a la pregunta, oscila entre el 65 y el 75%, sólo el 26% de los nacidos en 1980 se pronuncia en el mismo sentido.

Esta tendencia se repite en Europa:

- En Holanda, el 52% de los nacidos antes de 1950 considera que sí, "es esencial vivir en un país gobernado

---

[*] Ver Cuadro 2

[**] Esta distinción no se vincula al tema de la edad en sí mismo, sino a la pertenencia a una generación específica.

democráticamente", contra el 28% de los nacidos después de 1980.

- Suecia muestra la misma tendencia: el 81% de los del primer grupo contestan afirmativamente, mientras que sólo lo hace el 28% de los *millenials*.
- En Gran Bretaña, el 52% de los nacidos hasta 1950 se pronuncian por el sí, contra el 26% de los nacidos después de 1980

2. El segundo rubro analizado es el de la participación.

Los estudios indican que el compromiso cívico hace a la capacidad democrática para producir bienes públicos, para mantener la responsabilidad de los funcionarios y para proveer gobiernos eficaces.

Desde 1960 se han desplomado las cifras sobre concurrencia a las elecciones y a las de membrecía de los partidos políticos, lo mismo que el interés en la política.

En esta materia también se agranda la brecha generacional:

- En 1990, una mayoría de americanos jóvenes (53%) y una mayoría de americanos de más edad (63%) manifestaban "algún interés" o "mucho interés" en política.
- En el 2010, la cantidad de jóvenes americanos interesados en la política ha caído más de 12 puntos, lo que ha ensanchado la brecha, ahora en un 26%
- En Europa, esa misma brecha se ha triplicado entre 1990 y el 2010, pasando de 4% al 14%

Esta declinación en la actividad política no se compensa con otras actividades "no convencionales" de participación, como la incorporación a nuevos movimientos sociales o de participación en protestas. Es decir, que no sólo están menos dispuestas a participar en instituciones formales, sino que tampoco participan en movimientos de interés público o cualquier otra forma

Como ejemplo, 1 de cada 11 *babyboomers* ha participado en una demostración en el último año, mientras que sólo lo ha hecho 1 en 15 de los *millenials*.

3. Un tema decisivo para interpretar la consolidación de la democracia es el análisis sobre el grado de apertura a alternativas autoritarias.

Todas las cifras referentes a este tema han crecido fuertemente, lo cual es un serio indicador sobre la democracia liberal.

A la pregunta sobre "si tener un líder fuerte que no esté limitado por el Congreso o las elecciones sería "bueno" o "muy bueno" para manejar el país":

- Un 30% de americanos contesta afirmativamente.
- Por encima de ese porcentaje se encuentran:
  Rusia (78%)
  México (59%)
  Colombia (57%)
  España (42%)
  Chile (36%)
  Japón (37%)
- En este mismo tema, en el año 2011, un 24% de americanos jóvenes manifestaron que "la democracia es *mala* o *muy mala* para manejar un país"*. Este dato muestra

---

* Ver Cuadro 4

un crecimiento importante sobre el que resultaba de encuestas anteriores o de encuestas sobre personas de mayor edad.

- A su vez, en 1995, 1 de cada 16 encuestados manifestaban su aprobación a un gobierno militar. En el 2016, la cantidad era de 1 en cada 6.

- Aunque el número no es elevado se acompasa con otros datos. Por ejemplo, en el mismo año, el 46% afirmaba que "nunca había tenido fe en la democracia americana o que la había perdido".

- En el mismo sentido, la brecha entre los *babyboomers* y los *millenials* es más evidente:

- Mientras que un 43% de los americanos no creen que sea legítimo que "un gobierno militar reemplace a un gobierno incompetente", esa cifra baja a 19% entre los últimos.

Lo más inquietante es que estos sentimientos antidemocráticos crecen muy rápido entre las clases más ricas. En 1995, este sector era el más opuesto a los puntos de vista no democráticos, mientras que los de menor ingreso sostenían proposiciones contrarias.

Este número se ha revertido. En 1990, sólo el 5% de los de ingreso superior aceptaban como una buena idea un gobierno militar. Ese número ha crecido ahora al 16%

La tendencia hacia alternativas autoritarias es muy fuerte entre ciudadanos que son, a la vez, jóvenes y ricos. En 1995, el 6% de ese grupo aceptaba un gobierno de este tipo. Hoy ese número llega al 35%. En Europa, ese porcentaje también creció: desde un 6% en 1995 hasta un 17% actual.

Vale la pena señalar que, excepto breves períodos, una actitud como ésta era asociada con demandas redistributivas de los sectores de menos ingresos.

Esta insatisfacción es parte de una tendencia global. Los mismos porcentajes se encuentra en Gran Bretaña, los Países Bajos, Suecia, Australia y Nueva Zelandia.

En Alemania, la mayoría apoya a la democracia como una "idea", pero solo la mitad aprueba la democracia en la forma que funciona hoy en la República Federal. Más del 20% cree que Alemania necesita "un partido único, fuerte, que represente al pueblo"

En Francia, 40% de los encuestados en un trabajo del 2015 cree que "el país debería ser puesto en las manos de un régimen autoritario y libre de limitaciones democráticas", mientras que más de las dos terceras partes están dispuestas a "delegar la tarea de instrumentar reformas impopulares pero necesarias a expertos no electos".

Estos números son reveladores. Pero lo que es más preocupante es que estas ideas se reflejan en el comportamiento político real: en años recientes, partidos y candidatos que reflejan estas ideas crecen y han alcanzado triunfos a través de todo el mundo.

Las características de estos comportamientos suelen incluir un renacimiento de sentimientos nacionalistas, rechazo a la inmigración y a las minorías.

- En Polonia, Hungría, Grecia, Bolivia, Ecuador, Nicaragua y Venezuela gobiernan partidos populistas.
- Viktor Orban, en Hungría, Rodrigo Duterte, en Filipinas, Marine Le Pen, en Francia y Geert Wilders, en Holanda, se consolidan como líderes antisistema.

- En Hungría, una reforma constitucional bajo el gobierno Fidesz ha suprimido los pesos y contrapesos en varias áreas, que comprenden a la justicia, la supervisión de las elecciones y los medios de prensa.
- En Polonia, tal como quedó dicho, el gobierno de Ley y Justicia ha desafiado la independencia del Poder Judicial, que hora depende del Ejecutivo, y ha tomado el control de la prensa de radiodifusión.
- En Grecia, el primer ministro Alexis Tsipras ha designado aliados del partido para posiciones claves en oficinas del Estado y bancos privados y revocado las licencias de ocho empresas de televisión privadas.

En América Latina, excepto un grupo pequeño de resabios populistas, parece que la democracia se mantiene estable. Sin embargo, las encuestas muestran una incongruencia seria, acorde con su tradición.

Si bien la gente se manifiesta partidaria de la democracia como idea, no se encuentra un apoyo acorde en las instituciones propias del sistema. Los índices de confianza en los partidos políticos, el Congreso, el poder judicial y los medios de prensa son bajísimos y muy cercanos a una posición antisistema.

En una reciente publicación sobre la Argentina[*], mientras la predilección por la democracia es alta (93%), la encuesta sobre Cultura Constitucional muestra una realidad opuesta:

- Un 80% cree que el país funciona al margen de la ley

---

* Eduardo Fidanza y otros: "Argentina, una sociedad anómica", Eudeba, 2017

- El 83% piensa que los argentinos desobedecen la ley y son transgresores.
- Para un 34%, los argentinos están dispuestos a desobedecer la ley, si les conviene.
- No existe la igualdad ante la ley (63%), la justicia no es ciega y privilegia a las clases altas
- Existe un muy alto nivel de desconfianza hacia los partidos políticos, los gremios, la policía y el Poder Judicial
- Las leyes se incumplen por:
- Mal funcionamiento del Poder judicial (33%)
- Mal funcionamiento del sistema de castigos (17%)
- Falta de independencia de los jueces (60%) y de la Corte (51%)
- Existe una debilidad del compromiso de la sociedad argentina con la Constitución y sus leyes, y la democracia es de muy baja calidad.

Las formas de la desconsolidación

La inquietud de Mounk y Foa sobre una posible desconsolidación puede orientarse hacia dos hechos:

a) la tesis de que una democracia consolidada es irreversible

b) la democracia como sistema puede estar en dificultades

La primera de estas posibilidades podría ser considerada como "fuerte". Es decir, que es muy difícil sostener que las democracias están consolidadas y son irreversibles.

Los dos casos expuestos podrían ser prueba suficiente de democracias que parecían consolidadas y han revertido el proceso.

La segunda posibilidad, pensar que se justica un auténtico temor de que esté produciéndose una desconsolidación de la democracia es una tesis más débil y que requiere más estudios y confirmación de datos.

Sin embargo, la información con que se cuenta constituye una señal importante y donde es imprescindible incorporar el avance autoritario, ya que encarna una visión muy opuesta al pluralismo democrático.

Efectivamente, frente a la posible declinación en la consideración de la democracia en Occidente, debe agregarse el crecimiento del populismo autoritario.

El populismo adopta una posición antisistema, que confronta a instituciones vitales para la democracia liberal, como la libertad de expresión, los pesos y contrapesos de los poderes del Estado y la independencia de la justicia.

Ahora, a la situación en América Latina y Europa Oriental, se agregan señales similares en EE.UU. y Europa Occidental, que podrían constituir un aliciente y una oportunidad para prestarle más atención a los problemas de la democracia.

Uno de los grandes desafíos se dará seguramente en los EE.UU., donde confrontarán la administración de Donald Trump, con una creciente dificultad en su gestión en la más antigua de las democracias liberales. La pregunta es si las instituciones americanas serán tan fuertes como para imponerse.

Desde el colapso del comunismo, pueden diferenciarse dos etapas: una primera de surgimiento de regímenes democráticos hasta la primera década del siglo XXI, etapa según la cual para Freedom House, las democracias pasaron de 76, en 1990, a 119 en el 2005. Durante ese tiempo, las democracias se beneficiaron con que parecía en verdad que no había otra alternativa.

A partir de esa fecha, se nota un resurgimiento autoritario, representado por las actitudes de China, Rusia, Irán, Arabia Saudita y Venezuela (consideradas como The Big Five), y con medidas más refinadas que en el pasado, que tienden a una coordinación mayor para detener a la democracia. Simultáneamente, la ayuda internacional para promoverla ha disminuido en forma notoria.

El autoritarismo maneja ahora formas más sofisticadas para frenar el disenso interno. Así ha mostrado:

- Un mejor y más hábil uso de la ley para reprimir a la sociedad civil, muy superior a los autoritarismos del siglo XX

- Una mayor eficacia en la manipulación de los medios de prensa, tanto en el desarrollo de un sistema propio y cautivo, como en los métodos de hostigamiento a los medios independientes.

- Una extensión de sus acciones más allá de sus fronteras. Se ha vuelto global, disminuyendo la influencia de la democracia liberal, tal como se advierte en el manejo de organismos internacionales, como la Organización de Estados Americanos, las Naciones Unidas y el Consejo de Europa.

- Se proponen claramente hacer retroceder a la democracia liberal, alegando constituir una forma de democracia diferente.

Entre los países que representan ese resurgimiento autoritario, hay una mayor participación de países que no pertenecen a Occidente:

- Rusia muestra un poder personalizado, basado en la "doctrina Putin", que usa la política exterior para justificar su autoritarismo interno.
- Irán y Arabia Saudita nunca aceptaron la democracia.
- China es el caso más claro y de mayor peso, que se asienta en que:
  - Su ejemplo es claramente el éxito de un régimen liberal
  - Mantiene un gran aparato de propaganda
  - Adopta una tecnología eficaz de censura y represión política
  - Colabora activamente con otros poderes afines para modificar las normas de organizaciones internacionales.

A esta labor, contribuye grandemente el retiro y retroceso voluntario de los EE.UU. en el orden internacional.

El mundo está en proceso de cambio. Antes era favorable a la extensión democrática; ahora, el autoritarismo vuelve a pujar, con mejores medios de lo que mostró en el pasado y de manera innovadora[*].

Se advierte una tendencia universal a debilitar la democracia liberal, una especie de revuelta contra los arreglos que conformaron el Occidente democrática, incrementado con la desaparición de la Unión Soviética.

---

[*] Ver Larry Diamond y otros: *Authoritarianism Goes Global*, John Hoins University, 2016

Emmott considera a Occidente como una idea política exitosa, un conjunto de conceptos, valores y condiciones sociales y políticas. Pero en todo Occidente hay una creciente impaciencia con los gobiernos que parecen incapaces de enfrentar los problemas crecientes[*]. La inseguridad en aumento y la incertidumbre sobre el futuro ha despertado una demanda por líderes fuertes y formas autoritarias.

El desafío parece profundo, ya que algunos movimientos ponen en discusión las normas e instituciones de la democracia misma, como el estado de derecho.

Una importante literatura política asume que el sistema democrático, como producto esencialmente de Occidente, está en declive y es preocupante. Por el contrario, está claro el auge de Oriente, hacia el cual tiende ahora el centro de gravedad del poder mundial.

Precisamente, la negación de la legitimidad de la democracia como sistema es sostenida por el pensamiento chino. Para sus intelectuales, el sistema democrático de elección popular no puede funcionar, porque no puede garantizar que quien accede al gobierno esté preparado para ello y que cualquiera puede ser electo. A ello le contraponen su propio sistema, que consideran una "meritocracia" y que establece un *cursus honorum* que asegura una preparación gradual de los candidatos para los altos cargos, a través del desempeño probado en cargos de menor jerarquía[**].

---

[*] Ver Bill Emmott: *The Fate of the West: The Battle to Save the World's Most Succesful Political Idea*, Profile Ideas, 2017

[**] Ver Xi Jinping: *La gobernación y administración de China*, Ediciones en Lenguas Extranjeras, Beijing, 2014 y Daniel Bell: *The China Model: Political Meritocracy and the Limits of democracy*, Princeton University, 2015

La elección de Donald Trump y el sistema que lo hizo posible, a lo que se agrega la marcha de su administración, pareciera ser un punto a favor de la crítica china y una muestra de la pérdida de prestigio de la democracia occidental.

Hasta ahora, las democracias no han tomado conciencia de la importancia del desafío autoritario. Si el autoritarismo sigue tomando la iniciativa podemos esperar muchos más problemas en el futuro.

Es evidente que el desencanto con la marcha de la democracia es la que abre esta puerta y nos queda todavía mucho trabajo para poder desentrañar las causas de este desencanto. Su supervivencia depende de cuanto hagan sus defensores para sostenerla efectivamente.

Todorov afirma que la democracia peligra más por las acechanzas y torpezas internas que por ataques externos. Si esto fuera así, tal vez sea el momento de asumir la recomendación de Toni Judt: en lugar de insistir en promoverla, debiéramos prestar más atención a sus falencias y tratar de solucionarlas. A favor, contamos con que tampoco los populismos ni los autoritarismos pueden mostrar logros reales y sostenibles en el tiempo.

La democracia liberal no se sostiene por sí sola. Es un logro humano, no una inevitabilidad histórica y durará mientras los ciudadanos crean que vale la pena luchar por ella.

Cuadro 1. Los políticos de su gobierno ¿van en la dirección correcta o incorrecta? (Porcentaje)

	Incorrecta	Correcta
Promedio Mundial	63	37
China	10	90
Arabia Saudita	20	80
India	24	76
Rusia	42	58
Argentina	44	56
Canadá	46	54
Perú	50	50
Australia	55	45
Japón	57	43
Turquía	61	39
Reino Unido	63	37
Israel	64	36
EE.UU.	65	35
Alemania	68	32
Bélgica	71	29
Polonia	72	28
España	78	22
Suecia	78	22
Hungría	81	19
Italia	82	18
Brasil	83	17
Sudáfrica	86	14
Corea del Sur	87	13
Francia	88	12
México	96	4

Fuente: Global Advisor, entre 21 octubre y el 4 de noviembre, 2016. Visual Capitalist, Muestra: 19.000 casos en 26 países.

Cuadro 2. ¿Es esencial vivir
en un país gobernado democráticamente?

(Respuestas negativas)

Década nacimiento	EE.UU.	Holanda	Suecia	G.B.
1930	75	52	81	52
1940	60	54	78	56
1950	55	46	78	74
1960	49	46	71	53
1970	44	40	64	47
1980	26	28	58	26

Fuente: *European and World Values Survey,* combinando datos de fechas diferentes.

Cuadro 3. Tener un líder fuerte que no esté limitado por el Congreso o las elecciones ¿sería "bueno" o "muy bueno" para manejar el país?

(Respuestas afirmativas")

Rusia	78%
Rumania	78%
India	77%
Ucrania	76%
Taiwan	66%
Georgia	60%
Sudáfrica	60%
Perú	60%
México	59%
Filipinas	59%
Turquía	59%
Colombia	57%
Argentina	44%
Corea del Sur	44%
España	42%
Uruguay	39%
Chile	38%
Japón	37%
Estonia	35%
EE.UU.	30%
Suecia	22%
Australia	21%
Nueva Zelandia	20%
Alemania	20%

Cuadro 4. Un sistema democrático ¿es una "mala" o "muy mala" manera de conducir un país?

(Respuestas afirmativas)

	EE.UU.	Europa
65 años	12%	6%
45-65	15%	6%
35-44	16%	7%
25-34	26%	13%

Semblanza de la
Academia del Plata

Fue fundada el 20 de abril de 1879, como Academia Literaria del Plata, con el fin de *"fomentar su amor a la filosofía católica y a la literatura y conserver el espíritu Cristiano"*. Posteriormente se transformó en Academia del Plata, con el objetivo de "promover todas las manifestaciones de las Ciencias, las Letras y las Artes que den testimonio del pensamiento católico de la vida cultural argentina"

Conforme con el propósito de sus fundadores la Academia desarrolló una proficua labor manifestada en disertaciones públicas y privadas, en reuniones periódicas por las que desfilaron en las primeras décadas de su existencia —por demás conflictiva en el terreno político y religioso que vivió nuestro país— las más relevantes figuras del catolicismo argentino como Felix Frías, José Manuel de Estrada, Santiago de Estrada, Pedro Goyena, Tristán Achával Rodríguez, Manuel D. Pizarro, Emilio Lamarca, Apolinario Casabal, Pedro L. Funes.

Años después incorporó a otros hombres públicos de alto prestigio literario como Carlos Guido Spano, Calixto Oyuela, Juan Zorrilla de San Martín, Rafael Obligado. Con palabras de José Manuel de Estrada, la Academia "es una asociación formada por vínculos superiores que le aseguran inalterable concordia y tanto brillo como fecundidad".

La Academia ha mantenido su esencia ampliando su objetivo a todos los campos del saber científico, incorporando académicos destacados en la historia, la sociología, la filosofía, la economía, el derecho, la biología, la medicina, la literatura, y el arte.